ИЗУЧАВАНЕ НА БИБЛИЯТА И МОЛИТВЕН ДНЕВНИК

ОТКРИВАНЕ НА БОЖИЯТА ЛЮБОВ

Иън и Гуен Кембъл

Рут Групс Интернешънъл
Посетете ни на адрес: ruthgroups.com

За нас:

Още книги:

Предговор

Няма страх в любовта. Съвършената любов отхвърля страха… Първо Йоаново 4:18

Независимо дали знаете кой е Бог, дали сте вярващи отскоро или от доста време, вярваме, че този дневник за изучаване на Библията може да ви помогне да придобиете по-дълбоки преживявания и познания за Бог и Неговите благословения в живота ви.

Бог е любов (1 Йоан 4:16). Каним ви да се запознаете с този дневник, съдържащ 40 стиха от Стария и Новия завет, като всеки един от тях разкрива различен аспект от Божията любов.

Чрез посяването на Писанията в живота ви, наблюдаването им, ученето от тях и откликването на Божията любов, нашата молитва е съсредоточена върху това, че чрез тези неща ще се разчупят трудните и разорани (неизползвани и безплодни) области в живота и вярата ви. Молим се също така да отделяте време в прилагане на Божието Слово в ежедневието си, и Той ще полива семената ви на вяра чрез Святия Си Дух и че като прилагате Божието Слово в молитва, ще изпитате Неговата непоколебима любов по по-дълбок начин.

Молим се за това, Бог да ви се разкрие в Своята цялост, благодат и любов, също така и да ви даде възможност не само да живеете живота, в който Той ви е призовал, но и възможността да споделяте Истината с другите.

Предоставяме ви този дневник като инструмент, чрез който ще можете да научите повече за Бог, но по-важното е, че ще ви се отдаде възможността да Го опознаете по-добре. Насладете се на този дневник и позволете на Бог да ви докосне дълбоко и да ви промени.

Иън и Гуен Кембъл, 2024 г.

Как се използва този дневник

Създадохме този дневник, за да ти помогнем по пътя към вярата и към по-дълбокото и пълно познаване на Бога. Това са някои насоки, които ще ти помогнат да извлечеш максимума от него.

Всеки един ден:

1. **Си отбелязвай** датата, часа и мястото, за да си припомниш къде си бил по това време.

2. **Отделяй време** да си спомниш нещо от този ден (или от предишния ден). Това ще ти помогне да се отърсиш, да помислиш за това, което се случва около теб, и да приведеш, научената от този дневник истина, в контекста на твоя живот и състояние.

3. **Моли** се Бог да ти се открие чрез Светия Дух. Божието слово е живо и действено (Евреи 4:12) и ако помолиш Бог да ти се открие, Той е повече от готов да ти покаже чудната истина за Себе Си.

    Примерна молитва: Скъпи Небесни Татко, моля Те, научи ме на Твоето Слово, покажи ми кой си по Своя начин и ме промени, за да бъда като Теб и да свидетелствам за това кой си Ти пред другите. В името на Исус. Амин.

4. **Прочитай** откъса за деня. Ключовите текстове от пасажа са дадени, но те насърчаваме да потърсиш целия пасаж в Библията.

5. **Наблюдавай.** Запиши си какво си видял в откъса. Търси думи, които се повтарят, противоположни такива или едни и същи, казани по различен начин, за да ти помогне да разбереш всичко това, което Бог е казал. Запиши си всички идеи, които ти хрумват. Има ли причина за показаната истина?

6. **Отразявай.** Отделяй време да осмислиш истината, която си прочел. Помисли си как тя се отразява на света около теб, какво ти показва за Бог и какво за теб самия.

7. **Научавай.** След известно време на размисъл запиши нещата, които си научил. Какво научи за тази истина и как можете да реагираш на нея? Помисли за собствен начин, по който тази истина е важна за теб.

8. **Отговаряй.** Как реагираш на това, което си научил? Благодари на Бога за това кой е Той, благодари Му за истината, която ти показва, помоли Го да я направи реалност в живота ти и Го помоли да ти помогне да реагираш по начин, който Го възхвалява.

9. **Издигай Го и се моли.** Моли се както за себе си, така и за другите и за ситуациите, в които се намираш. Запиши си няколко неща, за които си се молил, за да може в бъдеще да се върнеш назад и да видиш как Бог е отговорил на тези молитви в живота ти.

Ако не разполагате с Библия под ръка или със съвременна версия, можете да използвате безплатна онлайн версия, например https://abvbiblia.com, и да изберете Нов превод (ББд, 2013):

Дата: Час: Място:

Спомени от днес/ вчера:

Писание.   Днешният пасаж: **Йоан 14:15-31**

Йоан 14:23   Иисус в отговор му рече: „Ако някой Ме обича, ще спази учението Ми и Моят Отец ще го обикне. Ние ще дойдем при него и при него ще живеем.

Запиши всичко забележително, което виждаш в откъса. Напр. думи и идеи, които се повтарят, или пък начини, по които се показва Божията любов...

Отдели време, за да помислиш за Божията любов, показана в този пасаж.

Какво научих за Божията любов към мен?

Как да отговоря на тази любов?

Отдели време за молитва.

Запиши за какво си се молил.

Дата: Час: Място:

Спомени от днес/ вчера:

Писание. Днешният пасаж: **Римляни 5:1-11**

Римляни 5:8 Бог обаче доказва любовта Си към нас с това, че Христос умря за нас, още когато бяхме грешни.

Запиши всичко забележително, което виждаш в откъса. Напр. думи и идеи, които се повтарят, или пък начини, по които се показва Божията любов...

Отдели време, за да помислиш за Божията любов, показана в този пасаж.

Какво научих за Божията любов към мен?

Как да отговоря на тази любов?

Отдели време за молитва.

Запиши за какво си се молил.

Дата: Час: Място:

Спомени от днес/ вчера:

Писание. Днешният пасаж: **Римляни 8:31-39**

Римляни 8:35 Какво ще ни отлъчи от Божията любов: скръб ли, притеснение или гонение, глад ли или голотия, опасност ли или меч?

Запиши всичко забележително, което виждаш в откъса. Напр. думи и идеи, които се повтарят, или пък начини, по които се показва Божията любов...

Отдели време, за да помислиш за Божията любов, показана в този пасаж.

Какво научих за Божията любов към мен?

Как да отговоря на тази любов?

Отдели време за молитва.

Запиши за какво си се молил.

Дата: Час: Място:

Спомени от днес/ вчера:

Писание. Днешният пасаж: **Първо Йоаново 4:7-21**

Първо Йоаново 4:8 Който не обича, той не е познал Бога, защото Бог е любов.

Запиши всичко забележително, което виждаш в откъса. Напр. думи и идеи, които се повтарят, или пък начини, по които се показва Божията любов...

Отдели време, за да помислиш за Божията любов, показана в този пасаж.

Какво научих за Божията любов към мен?

Как да отговоря на тази любов?

Отдели време за молитва.
Запиши за какво си се молил.

Дата: Час: Място:

Спомени от днес/ вчера:

Писание. Днешният пасаж: **Второзаконие 4:32-40**

Второзаконие 4:37 И понеже Той обикна предците ти и избра вас, потомците им след тях, Сам те изведе с голямата Си сила от Египет,

Запиши всичко забележително, което виждаш в откъса. Напр. думи и идеи, които се повтарят, или пък начини, по които се показва Божията любов...

Отдели време, за да помислиш за Божията любов, показана в този пасаж.

Какво научих за Божията любов към мен?

Как да отговоря на тази любов?

Отдели време за молитва.

Запиши за какво си се молил.

Дата: Час: Място:

Спомени от днес/ вчера:

Писание. Днешният пасаж: **Второзаконие 7:1-9**

Второзаконие 7:7   Не затова, че сте по-многобройни от всички народи, Господ ви прие и ви избра — та вие сте от всички народи най-малобройни,

Запиши всичко забележително, което виждаш в откъса. Напр. думи и идеи, които се повтарят, или пък начини, по които се показва Божията любов...

Отдели време, за да помислиш за Божията любов, показана в този пасаж.

Какво научих за Божията любов към мен?

Как да отговоря на тази любов?

Отдели време за молитва.

Запиши за какво си се молил.

Дата: Час: Място:

Спомени от днес/ вчера:

Писание. Днешният пасаж: **Числа 14:13-19**

Числа 14:18   'Господ е дълготърпелив и проявява голяма милост; Той прощава беззаконията и престъпленията, но не оставя без наказание; за беззаконието на бащите наказва децата до трето и четвърто поколение.'

Запиши всичко забележително, което виждаш в откъса. Напр. думи и идеи, които се повтарят, или пък начини, по които се показва Божията любов...

Отдели време, за да помислиш за Божията любов, показана в този пасаж.

Какво научих за Божията любов към мен?

Как да отговоря на тази любов?

Отдели време за молитва.

Запиши за какво си се молил.

Дата: Час: Място:

Спомени от днес/ вчера:

Писание. Днешният пасаж: **Второзаконие 10:12-22**

Второзаконие 10:15   Но само предците ти прие Господ в сърцето Си и ги обикна. Измежду всички народи избра вас, техните потомци, както е и днес.

Запиши всичко забележително, което виждаш в откъса. Напр. думи и идеи, които се повтарят, или пък начини, по които се показва Божията любов...

Отдели време, за да помислиш за Божията любов, показана в този пасаж.

Какво научих за Божията любов към мен?

Как да отговоря на тази любов?

Отдели време за молитва.
Запиши за какво си се молил.

Дата: Час: Място:

Спомени от днес/ вчера:

Писание. Днешният пасаж: **Ефесяни 2:1-10**

Ефесяни 2:4 Но Бог, Който е богат с милост, поради голямата Си любов, с която ни обикна,

Запиши всичко забележително, което виждаш в откъса. Напр. думи и идеи, които се повтарят, или пък начини, по които се показва Божията любов...

Отдели време, за да помислиш за Божията любов, показана в този пасаж.

Какво научих за Божията любов към мен?

Как да отговоря на тази любов?

Отдели време за молитва.

Запиши за какво си се молил.

Дата: Час: Място:

Спомени от днес/ вчера:

Писание. Днешният пасаж: **Притчи 15:1-9**

Притчи 15:9 Пътят на нечестивия е отвратителен за Господа, а който следва правдата, Той него обича.

Запиши всичко забележително, което виждаш в откъса. Напр. думи и идеи, които се повтарят, или пък начини, по които се показва Божията любов...

Отдели време, за да помислиш за Божията любов, показана в този пасаж.

Какво научих за Божията любов към мен?

Как да отговоря на тази любов?

Отдели време за молитва.

Запиши за какво си се молил.

Дата: Час: Място:

Спомени от днес/ вчера:

Писание. Днешният пасаж: **Исая 43:1-11**

Исая 43:4 Понеже си скъп и ценен в очите Ми, затова Аз те възлюбих, ще дам други като откуп за тебе и народи – за твоя живот.

Запиши всичко забележително, което виждаш в откъса. Напр. думи и идеи, които се повтарят, или пък начини, по които се показва Божията любов...

Отдели време, за да помислиш за Божията любов, показана в този пасаж.

Какво научих за Божията любов към мен?

Как да отговоря на тази любов?

Отдели време за молитва.
Запиши за какво си се молил.

Дата: Час: Място:

Спомени от днес/ вчера:

Писание. Днешният пасаж: **Псалм 103:1-21**

Псалм 103:13   Както бащата проявява милост към своите синове, така и Господ е милостив към тези, които благоговеят пред Него,

Запиши всичко забележително, което виждаш в откъса. Напр. думи и идеи, които се повтарят, или пък начини, по които се показва Божията любов...

Отдели време, за да помислиш за Божията любов, показана в този пасаж.

Какво научих за Божията любов към мен?

Как да отговоря на тази любов?

Отдели време за молитва.
Запиши за какво си се молил.

Дата: Час: Място:

Спомени от днес/ вчера:

Писание. Днешният пасаж: **Тит 3:1-11**

Тит 3:5   Той ни спаси не заради праведни дела, извършени от нас, а поради Своята милост, чрез възраждащото кръщение и обновата от Светия Дух,

Запиши всичко забележително, което виждаш в откъса. Напр. думи и идеи, които се повтарят, или пък начини, по които се показва Божията любов...

Отдели време, за да помислиш за Божията любов, показана в този пасаж.

Какво научих за Божията любов към мен?

Как да отговоря на тази любов?

Отдели време за молитва.

Запиши за какво си се молил.

Дата: Час: Място:

Спомени от днес/ вчера:

Писание. Днешният пасаж: **Юда 1:1-25**

Юда 1:21 съхранявайте себе си чрез Божията любов в очакване на милостта на нашия Господ Иисус Христос за вечен живот.

Запиши всичко забележително, което виждаш в откъса. Напр. думи и идеи, които се повтарят, или пък начини, по които се показва Божията любов...

Отдели време, за да помислиш за Божията любов, показана в този пасаж.

Какво научих за Божията любов към мен?

Как да отговоря на тази любов?

Отдели време за молитва.

Запиши за какво си се молил.

Дата: Час: Място:

Спомени от днес/ вчера:

Писание. Днешният пасаж: **Римляни 11:25-36**

Римляни 11:28 Отношението на юдеите към благовестието ги прави врагове на Бога заради вас, езичниците, но с оглед на избора им те са обичани от Бога заради предците.

Запиши всичко забележително, което виждаш в откъса. Напр. думи и идеи, които се повтарят, или пък начини, по които се показва Божията любов...

Отдели време, за да помислиш за Божията любов, показана в този пасаж.

Какво научих за Божията любов към мен?

Как да отговоря на тази любов?

Отдели време за молитва.

Запиши за какво си се молил.

Дата: Час: Място:

Спомени от днес/ вчера:

Писание. Днешният пасаж: **1 Йоан 3:1-10**

1 Йоан 3:1 Вижте с каква любов ни е дарил Отец – да се наречем и да бъдем Божии деца. Затова светът не ни познава, защото Него не позна.

Запиши всичко забележително, което виждаш в откъса. Напр. думи и идеи, които се повтарят, или пък начини, по които се показва Божията любов...

Отдели време, за да помислиш за Божията любов, показана в този пасаж.

Какво научих за Божията любов към мен?

Как да отговоря на тази любов?

Отдели време за молитва.

Запиши за какво си се молил.

Дата: Час: Място:

Спомени от днес/ вчера:

Писание. Днешният пасаж: **Йоан 3:16-21**

Йоан 3:16 Защото Бог толкова много обикна света, че отдаде Своя Единороден Син, та всеки, който вярва в Него, да не погине, а да има вечен живот.

Запиши всичко забележително, което виждаш в откъса. Напр. думи и идеи, които се повтарят, или пък начини, по които се показва Божията любов...

Отдели време, за да помислиш за Божията любов, показана в този пасаж.

Какво научих за Божията любов към мен?

Как да отговоря на тази любов?

Отдели време за молитва.

Запиши за какво си се молил.

Дата: Час: Място:

Спомени от днес/ вчера:

Писание. Днешният пасаж: **Евреи 12:3-17**

*Евреи 12:6 Защото Господ поправя този, когото обича,
и наказва всеки син, когото приема."*

Запиши всичко забележително, което виждаш в откъса.
Напр. думи и идеи, които се повтарят, или пък начини,
по които се показва Божията любов...

Отдели време, за да помислиш за Божията любов,
показана в този пасаж.

Какво научих за Божията любов към мен?

Как да отговоря на тази любов?

Отдели време за молитва.

Запиши за какво си се молил.

Дата: Час: Място:

Спомени от днес/ вчера:

Писание. Днешният пасаж: **Исая 38:1-22**

Исая 38:17 И ето за спасение ми е била голямата беда. Ти запази живота ми от смъртоносната опасност, защото загърби всичките ми грехове.

Запиши всичко забележително, което виждаш в откъса. Напр. думи и идеи, които се повтарят, или пък начини, по които се показва Божията любов...

Отдели време, за да помислиш за Божията любов, показана в този пасаж.

Какво научих за Божията любов към мен?

Как да отговоря на тази любов?

Отдели време за молитва.

Запиши за какво си се молил.

Дата: Час: Място:

Спомени от днес/ вчера:

Писание. Днешният пасаж: **2 Солунци 2:1-17**

2 Солунци 2:16 А Сам нашият Господ Иисус Христос и нашият Бог Отец, Който ни обикна и ни даде вечна утеха и надежда за добро чрез благодатта,

Запиши всичко забележително, което виждаш в откъса. Напр. думи и идеи, които се повтарят, или пък начини, по които се показва Божията любов...

Отдели време, за да помислиш за Божията любов, показана в този пасаж.

Какво научих за Божията любов към мен?

Как да отговоря на тази любов?

Отдели време за молитва.

Запиши за какво си се молил.

Дата: Час: Място:

Спомени от днес/ вчера:

Писание. Днешният пасаж: **2 Коринтяни 13:11-14**

2 Коринтяни 13:11   FИ така, братя, радвайте се, усъвършенствайте се, утешавайте се, бъдете единомислени, живейте в мир и Бог, изворът на любовта и на мира, ще бъде с вас.

Запиши всичко забележително, което виждаш в откъса. Напр. думи и идеи, които се повтарят, или пък начини, по които се показва Божията любов...

Отдели време, за да помислиш за Божията любов, показана в този пасаж.

Какво научих за Божията любов към мен?

Как да отговоря на тази любов?

Отдели време за молитва.

Запиши за какво си се молил.

Дата: Час: Място:

Спомени от днес/ вчера:

Писание.   Днешният пасаж: **2 Тимотей 2:1-13**
*2 Тимотей 2:13 ако ние сме неверни, Той остава верен,
защото не може да се отрече от Себе Си."*

Запиши всичко забележително, което виждаш в откъса.
Напр. думи и идеи, които се повтарят, или пък начини,
по които се показва Божията любов...

Отдели време, за да помислиш за Божията любов,
показана в този пасаж.

Какво научих за Божията любов към мен?

Как да отговоря на тази любов?

Отдели време за молитва.

Запиши за какво си се молил.

Дата: Час: Място:

Спомени от днес/ вчера:

Писание. Днешният пасаж: **Осия 3:1-5**

Осия 3:1 Господ ми каза: „Пак отиди и залюби жена, която обича друг мъж и извършва прелюбодеяние. Обикни я така, както Господ обича Израилевите синове, макар че те се обръщат към други богове и обичат приноси от сладки от грозде."

Запиши всичко забележително, което виждаш в откъса. Напр. думи и идеи, които се повтарят, или пък начини, по които се показва Божията любов...

Отдели време, за да помислиш за Божията любов, показана в този пасаж.

Какво научих за Божията любов към мен?

Как да отговоря на тази любов?

Отдели време за молитва.
Запиши за какво си се молил.

Дата: Час: Място:

Спомени от днес/ вчера:

Писание. Днешният пасаж: **Еремия 31:1-9**

Еремия 31:3   Господ ми се яви отдалече и рече:
„Обикнах те с вечна любов, затова продължих да ти
оказвам милост.

Запиши всичко забележително, което виждаш в откъса.

Напр. думи и идеи, които се повтарят, или пък начини,

по които се показва Божията любов...

Отдели време, за да помислиш за Божията любов,
показана в този пасаж.

Какво научих за Божията любов към мен?

Как да отговоря на тази любов?

Отдели време за молитва.

Запиши за какво си се молил.

Дата: Час: Място:

Спомени от днес/ вчера:

Писание. Днешният пасаж: **Еремия 31:10-30**

Еремия 31:20 Ефрем не Ми ли е скъп син? Не Ми ли е обична рожба? Защото колкото и да говоря против него, все още мисля за него. Затова се смущава душата Ми за него. Сигурно ще се смиля над него, казва Господ.

Запиши всичко забележително, което виждаш в откъса. Напр. думи и идеи, които се повтарят, или пък начини, по които се показва Божията любов...

Отдели време, за да помислиш за Божията любов, показана в този пасаж.

Какво научих за Божията любов към мен?

Как да отговоря на тази любов?

Отдели време за молитва.

Запиши за какво си се молил.

Дата: Час: Място:

Спомени от днес/ вчера:

Писание. Днешният пасаж: **Еремия 31:31-40**

Еремия 31:33   Но ето завета, който ще сключа с Израилевия дом след онези дни, казва Господ: ще вложа вътре у тях Своя закон и ще го напиша в сърцата им. И ще бъда техен Бог, а те ще бъдат Мой народ.

Запиши всичко забележително, което виждаш в откъса. Напр. думи и идеи, които се повтарят, или пък начини, по които се показва Божията любов...

Отдели време, за да помислиш за Божията любов, показана в този пасаж.

Какво научих за Божията любов към мен?

Как да отговоря на тази любов?

Отдели време за молитва.
Запиши за какво си се молил.

Дата: Час: Място:

Спомени от днес/ вчера:

Писание. Днешният пасаж: **Псалм 146:1-10**

Псалм 146:8 Господ отваря очите на слепите, Господ въздига сломените, Господ обича праведните.

Запиши всичко забележително, което виждаш в откъса. Напр. думи и идеи, които се повтарят, или пък начини, по които се показва Божията любов...

Отдели време, за да помислиш за Божията любов, показана в този пасаж.

Какво научих за Божията любов към мен?

Как да отговоря на тази любов?

Отдели време за молитва.
Запиши за какво си се молил.

Дата: Час: Място:

Спомени от днес/ вчера:

Писание. Днешният пасаж: **Йоан 5:1-18**

Йоан 5:17   А Иисус им казваше: „Моят Отец досега работи и Аз работя.“

Запиши всичко забележително, което виждаш в откъса.
Напр. думи и идеи, които се повтарят, или пък начини,
по които се показва Божията любов...

Отдели време, за да помислиш за Божията любов,
показана в този пасаж.

Какво научих за Божията любов към мен?

Как да отговоря на тази любов?

Отдели време за молитва.

Запиши за какво си се молил.

Дата: Час: Място:

Спомени от днес/ вчера:

Писание. Днешният пасаж: **Йоан 5:19-29**

Йоан 5:20   Защото Отец обича Сина и Му показва всичко, което Сам Той прави. Той ще Му покаже и по-големи дела от тези, та да се чудите.

Запиши всичко забележително, което виждаш в откъса.
Напр. думи и идеи, които се повтарят, или пък начини,
по които се показва Божията любов...

Отдели време, за да помислиш за Божията любов,
показана в този пасаж.

Какво научих за Божията любов към мен?

Как да отговоря на тази любов?

Отдели време за молитва.

Запиши за какво си се молил.

Дата: Час: Място:

Спомени от днес/ вчера:

Писание. Днешният пасаж: **Йоан 5:30-47**

Йоан 5:43 Аз дойдох в името на Моя Отец, а не Ме приемате. Но ако друг дойде от свое име, него ще приемете.

Запиши всичко забележително, което виждаш в откъса. Напр. думи и идеи, които се повтарят, или пък начини, по които се показва Божията любов...

Отдели време, за да помислиш за Божията любов, показана в този пасаж.

Какво научих за Божията любов към мен?

Как да отговоря на тази любов?

Отдели време за молитва.

Запиши за какво си се молил.

Дата: Час: Място:

Спомени от днес/ вчера:

Писание. Днешният пасаж: **Йоан 16:25-33**

Йоан 16:27 защото Сам Отец ви обича, понеже вие Ме обикнахте и повярвахте, че Аз съм излязъл от Бога.

Запиши всичко забележително, което виждаш в откъса. Напр. думи и идеи, които се повтарят, или пък начини, по които се показва Божията любов...

Отдели време, за да помислиш за Божията любов, показана в този пасаж.

Какво научих за Божията любов към мен?

Как да отговоря на тази любов?

Отдели време за молитва.

Запиши за какво си се молил.

Дата: Час: Място:

Спомени от днес/ вчера:

Писание. Днешният пасаж: **Йоан 17:1-26**

Йоан 17:23 IАз съм в тях и Ти си в Мене, за да бъдат в пълно единство и светът да разбере, че Ти си Ме изпратил и си ги обикнал, както обикна Мене.

Запиши всичко забележително, което виждаш в откъса. Напр. думи и идеи, които се повтарят, или пък начини, по които се показва Божията любов...

Отдели време, за да помислиш за Божията любов, показана в този пасаж.

Какво научих за Божията любов към мен?

Как да отговоря на тази любов?

Отдели време за молитва.
Запиши за какво си се молил.

Дата: Час: Място:

Спомени от днес/ вчера:

Писание. Днешният пасаж: **Псалм 47:1-9**

Псалм 47:5   избра за нас наследството ни, чудесната земя на Яков, когото възлюби.

Запиши всичко забележително, което виждаш в откъса.
Напр. думи и идеи, които се повтарят, или пък начини,
по които се показва Божията любов...

Отдели време, за да помислиш за Божията любов,
показана в този пасаж.

Какво научих за Божията любов към мен?

Как да отговоря на тази любов?

Отдели време за молитва.

Запиши за какво си се молил.

Дата: Час: Място:

Спомени от днес/ вчера:

Писание. Днешният пасаж: **Второзаконие 33:1-29**

*Второзаконие 33:3 Той наистина възлюби народа Си;
всичките му светии са в ръцете Ти, паднали на лицата
си при Твоите нозе, за да приемат думите Ти.*

Запиши всичко забележително, което виждаш в откъса.
Напр. думи и идеи, които се повтарят, или пък начини,
по които се показва Божията любов...

Отдели време, за да помислиш за Божията любов,
показана в този пасаж.

Какво научих за Божията любов към мен?

Как да отговоря на тази любов?

Отдели време за молитва.

Запиши за какво си се молил.

Дата: Час: Място:

Спомени от днес/ вчера:

Писание. Днешният пасаж: **Псалм 42:1-11**

Псалм 42:8 Бездна призовава бездна с гласа на Твоите водопади. Всички Твои вълни и талази преминаха над мене.

Запиши всичко забележително, което виждаш в откъса.

Напр. думи и идеи, които се повтарят, или пък начини,

по които се показва Божията любов...

Отдели време, за да помислиш за Божията любов, показана в този пасаж.

Какво научих за Божията любов към мен?

Как да отговоря на тази любов?

Отдели време за молитва.

Запиши за какво си се молил.

Дата: Час: Място:

Спомени от днес/ вчера:

Писание. Днешният пасаж: **Галатяни 2:5-21**

Галатяни 2:20 и вече не аз живея, а Христос живее в мене. А дето живея сега в плът, живея с вярата в Божия Син, Който ме обикна и отдаде живота Си за мене.

Запиши всичко забележително, което виждаш в откъса.

Напр. думи и идеи, които се повтарят, или пък начини,

по които се показва Божията любов...

Отдели време, за да помислиш за Божията любов,

показана в този пасаж.

Какво научих за Божията любов към мен?

Как да отговоря на тази любов?

Отдели време за молитва.
Запиши за какво си се молил.

Дата: Час: Място:

Спомени от днес/ вчера:

Писание. Днешният пасаж: **Псалм 118:1-29**

*Псалм 118:29   Прославяйте Господа, защото е благ,
защото Неговата милост е вечна!*

Запиши всичко забележително, което виждаш в откъса.
Напр. думи и идеи, които се повтарят, или пък начини,
по които се показва Божията любов...

Отдели време, за да помислиш за Божията любов,
показана в този пасаж.

Какво научих за Божията любов към мен?

Как да отговоря на тази любов?

Отдели време за молитва.
Запиши за какво си се молил.

Дата: Час: Място:

Спомени от днес/ вчера:

Писание. Днешният пасаж: **Лука 11:37-54**

Лука 11:42   Но, горко ви, фарисеи, защото давате десятък от джоджен, седефче и всякакъв зеленчук, а немарите за справедливостта и Божията любов. Това трябваше да правите, без онова да пренебрегвате.

Запиши всичко забележително, което виждаш в откъса. Напр. думи и идеи, които се повтарят, или пък начини, по които се показва Божията любов...

Отдели време, за да помислиш за Божията любов, показана в този пасаж.

Какво научих за Божията любов към мен?

Как да отговоря на тази любов?

Отдели време за молитва.

Запиши за какво си се молил.

Дата: Час: Място:

Спомени от днес/ вчера:

Писание. Днешният пасаж: **Псалм 86:1-17**

Псалм 86:5   Защото Ти, Господи, си добър и милостив, богат на щедрости към всички, които Те призовават.

Запиши всичко забележително, което виждаш в откъса. Напр. думи и идеи, които се повтарят, или пък начини, по които се показва Божията любов...

Отдели време, за да помислиш за Божията любов, показана в този пасаж.

Какво научих за Божията любов към мен?

Как да отговоря на тази любов?

Отдели време за молитва.

Запиши за какво си се молил.

Дата: Час: Място:

Спомени от днес/ вчера:

Писание. Днешният пасаж: **Псалм 63:1-11**

Псалм 63:4 защото Твоята милост е по-добра от живота. Затова моите устни ще Те прославят.

Запиши всичко забележително, което виждаш в откъса.
Напр. думи и идеи, които се повтарят, или пък начини,
по които се показва Божията любов...

Отдели време, за да помислиш за Божията любов,
показана в този пасаж.

Какво научих за Божията любов към мен?

Как да отговоря на тази любов?

Отдели време за молитва.
Запиши за какво си се молил.

Молитва

Йоан 3:16 Защото Бог толкова много обикна света, че отдаде Своя Единороден Син, та всеки, който вярва в Него, да не погине, а да има вечен живот.

Ако това, което научи за Бог, те е докоснало и искаш да предадеш живота си на Него и да приемеш Неговата любов в живота си, ето една молитва, с която да се помолиш.

Скъпи Боже, признавам, че Ти си Творецът на всичко, което означава, че си ме създал. Искам да отговоря на това знание и на Твоята Любов, като предам живота си на Теб. Вярвам, че си дал Своя Син, Исус, и че Той е умрял и възкръснал, за да ме спаси от упадъка и силата на злото в този свят. Признавам, че съм постъпвал неправилно и не съм признавал това, че имам нужда от Теб и че като се доверя на Твоята спасителна благодат, ще получа вечен живот.

Моля те, прости ми и ме очисти, направи ме нов и ме приеми в семейството Си, направи ме Свое дете, Небесни Татко. Доверявам се на Твоя план за спасението ми и искам Ти, Исусе, да бъдеш мой Господ. Предавам се на Твоята воля и искам да Те следвам.

Покажи ми как да живея и да почитам Твоето име. Изпълни ме със Святия Си Дух, за да мога да изпитам Твоето спасение и новия живот, който Си ми дал, и да имам смелост да споделям това с другите. В името на Исус, амин.

За поредицата "Жътва"

Сейте с дела на справедливост и ще пожънете милосърдие; разоравайте изоставената земя, защото е време да потърсите Господа, та когато Той дойде, да ви ороси със справедливост. Осия 10:12.

В наши дни, когато толкова много хора търсят бързи решения на проблемите си, с които се сблъскват, и когато изглежда, че всички ние искаме незабавни отговори на всеки въпрос, който имаме, или даже на всяка една молитва, която отправяме, е добре да погледнем моделите за живот, които намираме в Библията.

Искаме да бъдем благословени и да видим съживление както в личен план, така и в Църквата, но вместо да следваме Божия план за нашето благословение и плодотворност, живеем в дни, в които хората буквално обикалят света, търсейки вече обещаните от Бог благословения и съживление, като предприемат някои прости стъпки. Защо толкова много хора преследват благословението и съживлението на другите хора, когато Господ иска да ги благослови там, където са, и да ги направи за благословение на хората в техните общности? Фактът, че тези "Божии движения", които хората преследват, идват и си отиват толкова бързо и имат ограничено влияние, а тези, които преследват "благословенията", бързо жадуват за още, трябва да ни подскаже, че Бог желае нещо по-добро за нас.

Осия ни казва, че трябва да сеем, за да жънем, но мнозина са доволни да оставят другите да сеят и да се хранят от тяхната реколта. Може би това се прави по прост начин, като например, когато позволяваме на другите в нашите църкви и общности да извършват цялото изучаване, молитва или поклонение, за да можем ние да бъдем нахранени и напоени. Други пък разчитат единствено на постоянните молитви и служение на останалите, за да разчупят твърдата почва в живота си.

Написахме тази поредица от дневници, за да ви помогнем да придобиете по-дълбок опит и познание за Бог и Неговите благословения в живота ви без значение от периода, от който сте християни, или от това дали знаете нещо за Него.

Книги от поредицата

Създаваме поредица от книги и дневници, които да ви насърчат да продължите да изследвате различните аспекти на Бога.

Откриване на Божията любов

Откриване на Божията доброта

Откриване на Божията святост

Откриване на Божието уникално естество

Очаквайте скоро...

Откриване на делото на Исус

Откриване на Святия Дух

И други...

Допълнителни ресурси

Ако наученото ви е повлияло, уведомете ни, като се регистрирате за нашия списък с имейли, за да можем да ви насърчаваме и да ви съдействаме. За да научите повече и да намерите други средства и възможности за служение, молитва и изучаване, моля, посетете нашия уебсайт ruthgroups.com:

За нас:

Още книги: